Sinn und Unsinn des Lebens –
oder
mein Entschluss, dass mir
diese Bausteine fehlen werden….

Ein Buch über unsere Lebensbausteine und

wie wir fehlende Bausteine mit

MAN-DELPrinzip nach Krusel® ersetzen können.

von Sabine Krusel

Einleitung

Dieses Buch hätte auch einen ganz anderen Titel haben können, z.B. der Sinn des Lebens, aber das trifft es nicht wirklich. Wenn wir auf die Welt kommen, so haben wir uns bereits zuvor dazu entschlossen, als Seele, ein neues Erdendasein zu haben. Wir haben uns ausgewählt, wer unsere Eltern sein sollen, ob und welche Geschwister wir haben. Wir kennen das Land, in dem wir leben werden, unsere soziale Stellung. Ja, wir wissen sogar ganz genau, warum wir ausgerechnet dieses Erdenleben haben wollen, mit den Eltern und mit diesem Umfeld. – Weil? - Weil wir gemeinsam mit diesen Menschen bestimmte Erfahrungen sammeln wollen. Aus der ganzen Paillette der Erfahrungsmöglichkeiten haben wir uns genau die herausgesucht, die es nun mal jetzt in grade diesem Erdenleben sein sollen.

Vielleicht sind es Erfahrungen von Schmerz, Trauer, Angst, Hass oder Gewalt. Vielleicht sind es auch die Erfahrungen von Liebe, Zuversicht, Geborgenheit oder Gemeinschaft.

Einige werden nun möglicherweise sagen, das Eine sind negative und das Andere sind positive Dinge, aber jede Emotion und jeder Zustand ist für sich genommen neutral. Er wird erst zu einer vermeintlich negativen oder positiven Emotion oder Zustand, wenn wir ihn bewerten.

Bedenken Sie immer, in dieser Welt geht es um Dualität. Wir können nur erfahren wie etwas ist, wenn sich uns das Gegenteil auch zur Verfügung stellt.

Wie wollen Sie beispielsweise den Begriff „Schnell" beurteilen, wenn Sie noch nie das Gegenteil „Langsam" erlebt haben.

Jeder Mensch ist von Grund auf gut, wenn er auf die Welt kommt. Es gibt Niemanden der schlecht oder bösartig geboren wird. Unseren schönen Plan, warum wir genau diese Eltern wollen, hier geboren werden usw., haben wir allerdings auch mit dem Zeitpunkt unserer Geburt vergessen.

Die auf dem Reißbrett geplante Idealfamilie sieht meist so aus, dass wir geboren werden als Wunschkind, mit einer ganz normalen Geburt, mit Vater und Mutter, die sich liebevoll und hingebungsvoll um uns kümmern. Sie vermitteln uns Geborgenheit, Stabilität, Perspektiven und Ziele und erziehen uns zu einem erfolgreichen, angesehenen, liebevollem Menschen.

Bei geschätzten 80 % der Familien sieht das ganz anders aus und hier weicht die Vorstellung der Idealfamilie prozentual zwischen 10 und 100 % ab.

Patschwork-Familien, Alleinerziehende, Scheidungskinder, Heimkinder, Babyklappe, Pflegekinder, Adoptivkinder, Straßenkinder, Kinder von Alkoholikern, Missbrauchsopfer sexueller oder sozialer Gewalt, vernachlässigte Kinder... sind nur einige Begriffe, die uns deutlich machen, dass vielen

Menschen die notwendigen Bausteine, die wir eigentlich in unserer Ideal-Familie von Anfang an mitbekommen sollten fehlen.

Und kommen wir mal zurück zu unserem Seelen-Lebensplan, so haben wir uns das genau so ausgesucht, weil wir die Erfahrungen machen wollten!

Unglaublich, sagen Sie – vielleicht, aber wahr!
Wie ist es denn in Ihrem Leben, lief da alles so glatt?
Haben Sie alle Bausteine des Lebens mitbekommen von
Ihrem Elternhaus?

Wenn ja – herzlichen Glückwunsch! Dann brauchen Sie dieses Buch sicherlich nicht weiterzulesen. Wenn nein, dann schauen Sie gemeinsam mit mir zu den Schauplätzen unserer fehlenden Bausteine.

Geboren um zu Leben

Meine eigene Geschichte bietet bereits viel Potential, um mal einen Blick auf meine fehlenden Bausteine zu werfen.

Als ich vor über 50 Jahren geboren wurde, da kam ich nicht allein. Meine Zwillingsschwester und ich kamen als Numero 7 und 8 der Familie viel zu früh - im achten Monat – und per Kaiserschnitt auf die Welt.

Kaiserschnitt, das ist schon das erste Thema. Wir wollen hier nicht die medizinischen Notwendigkeiten ergründen – aber haben Sie sich mal überlegt, was bei der Geburt oder bei einem Kaiserschnitt passiert? Das Kind ist wohlbehütet in der Gebärmutter, in seinem Zuhause und denkt an nichts Böses - wobei ob Kinder in diesem Alter bereits aktiv denken ist glaube ich noch nicht wissenschaftlich belegt – und da wird mit einem Mal die Wand eben diesen Zuhauses eingerissen. Es wird sehr hell und irgendjemand hebt uns heraus aus der Geborgenheit unseres Zuhauses.

Erhaltene Information:
„Jederzeit kann meine heile Welt zusammenbrechen!"

Ein Schock? – Ganz sicher! Stellen Sie sich doch einmal vor Sie sitzen zu Hause gemütlich beim Fernsehen und plötzlich reißt ein Bagger Ihre Wohnzimmerwand ein – und ein großer

Greifarm befördert Sie kaum, dass Sie sich fassen konnten an die Luft.

Einem Baby in solch einer Situation muss es so ähnlich ergehen. Deshalb raten wir bei unseren MET Seminaren (MET= Meridian Energie Technik) Themen um die Geburt, ob nun die eigene Geburt oder die Geburt der Kinder, immer besonders eingehend zu bearbeiten und somit aufzulösen. Denn selbst eine Zangengeburt, Geburt mit Saugglocke oder auch eine normale Geburt – wenn man sich durch den engen Geburtskanal zwängen muss (Platzangst), kann Auslöser für Beeinträchtigungen im späteren Leben sein. Aber zu den Möglichkeiten der Auflösung kommen wir noch später.

Alle Geburten meiner Mutter waren schwierig gewesen, wobei meine Mutter 3 x Zwillinge bekommen hat (Jungenpärchen, Junge und Mädchen und nun eben zwei Mädchen). Eigentlich hätte meine Mutter gar keine Kinder mehr bekommen dürfen.

Mir wurde sehr viel später erzählt, dass meine Mutter einen hohen Blutverlust davongetragen habe und 3 Tage nach unserer Geburt verstorben sei, da die Bluttransfusion nicht rechtzeitig da war.

Erhaltene Information: „Ich bin hilflos und ganz allein!"

Noch viel später habe ich bei einem spirituellen Screening erfahren, dass meine Mutter was von einer Explosion im Kopf erzählt habe – also so etwas, wie ein Gehirnschlag.

Meine Schwester und ich, wir hatten beide eine schwere Ernährungsstörung, so dass alle davon ausgingen, dass wir unserer Mutter folgen würden.

Wir haben insgesamt 3 Monate nach unserer Geburt allein im Krankenhaus gelegen.

Kein Mensch – mit Ausnahme des Pflegepersonals, welches sich damals sicherlich eher an den Versorgungskreterien orientierte – hat sich in dieser Zeit um uns gekümmert.

Mein Pflegemutter und Tante erzählte mir später Mal, dass sie und ihr Mann gelegentlich, so insgesamt 2-3 Mal im Krankenhaus waren und uns besucht haben. Aber so war damals die Einstellung: „...die Kinder sind versorgt, sie haben zu essen und frische Windeln – wir kümmern uns erst mal um die Kinder, die sonst noch übrig geblieben sind..." (wobei das sicherlich auch gerechtfertigt war – 3 meiner Geschwister sind vorübergehend in ein Heim gekommen und die restlichen 3 Geschwister im Alter von 2,5 Jahren und 6 Jahren wurden von der Fürsorge und meiner späteren Pflegemutter betreut, zu Hause).

Wie war das noch mit in ein Nest der Geborgenheit und Liebe hineingeboren werden und liebevoll von Vater und Mutter betreut werden?

Ich machte also als ganz kleiner Mensch bereits die Erfahrung mutterseelenallein in einem Bettchen im Krankenhaus zu liegen, ohne irgendeine Bezugsperson. Wir wurden versorgt und das war´s. In Amerika hat man mal Studien angestellt, das Babys, denen keinerlei Beachtung zuteilwurde fast gestorben sind.

Erhaltene Information: „Ich bin nichts wert, ich bin unwichtig!"

Der Mangel an Zuwendung, in den Arm genommen werden und mangelnder Ansprache, führte bei mir dazu, dass ich lange Zeit - teilweise immer mal wieder bis heute – ein Problem mit den Emotionen von Alleinsein/Einsamkeit, Verlassenheitsgefühl, nichts wert zu sein, übrig zu sein… habe.

Dieser Baustein, den ein Kind ganz automatisch für sein Leben mitbekommt, löste sich bereits kurz nach der Geburt bei mir auf.

Aber, dass da noch viel mehr war, das habe ich erst gut 46 Jahre nach meiner Geburt erfahren.

Ich erinnere mich, dass ich als Baby wahrgenommen habe, dass da ein Mensch war, der mich ein zweites oder drittes Mal besucht hat und das ich diesen Menschen ganz sympathisch fand – meine Pflegemutter.

Fast 3 Monate nachdem wir geboren waren, wurden wir von unseren neuen Eltern aus dem Krankenhaus geholt. An diesem Tag wurden meine Zwillingsschwester und ich getrennt. Sie lebte fortan beim Bruder meiner Mutter und ich bei der Schwester meines Vaters.

Ob diese Trennung für mich Folgen hatte, kann ich bis heute nicht genau sagen, da wir auch im späteren Leben nur oberflächlichen losen Kontakt hatten. Studien betrachten die Trennung von Zwillingen als sehr kritisch, da es hier zu emotionalen Schädigungen bei den Geschwistern kommen soll. Bei mir hat sich möglicherweise das Gefühl der Verlassenheit, des Alleinseins und des Getrenntsein noch verstärkt.

Erhaltene Information: „Ich fühle mich von anderen Menschen getrennt!"

Mit meiner neuen Familie hatte ich es sehr gut getroffen. Ich bekam plötzlich eine treusorgende Mutter und einen liebvollen Vater.

Das mir mehr Bausteine in der Zeit im Krankenhaus abhanden gekommen sind als ich ahnte, blieb mir noch lange Zeit verborgen.

Ich hatte sowas wie meine Idealfamilie gefunden. Überschattet wurde das Ganze davon, dass mein Pflegevater epileptische Anfälle bekam. Da wir – wie damals nicht unüblich – nur einen Wohn- und einen Schlafraum hatten, blieben mir diese Extremsituationen nicht verborgen. Für ein Kleinkind erschreckende Erlebnisse, wenn eine erwachsene Person Kampfanfälle bekommt und sich fast die Fäuste am Kopfteil des Bettes blutig schlägt.

Erhaltene Information: „Mein Schock über diese Gewalt!"

Mit 5 Jahren bekam mein Pflegevater wieder einmal einen Anfall, welcher so heftig war, dass der Pfarrer für die letzte Ölung geholt wurde.

Meine Pflegemutter, welche ihrem Mann immer beigestanden hatte in solchen Situationen, weinte völlig hilflos, weil sie meinen Vater, über von mir gefühlte Stunden, nicht beruhigen konnte.

Ich erinnere mich, dass ich völlig verängstigt neben meinem Bett stand, meine Puppe im Arm, welche mein Pflegevater in seinem Anfall durch das Zimmer geschleudert hatte.....und bei mir dachte." Dir kann keiner helfen, du kannst dir immer nur selbst helfen, du musst jetzt erwachsen werden!"

Erhaltene Information: „Ich kann mir nur allein helfen, ich muss erwachsen werden!"

Später in einer MET Stunde wurde mir vom Therapeuten gesagt, dass ich gar keine Kindheit gehabt hätte, da ich ab diesem Zeitpunkt erwachsen werden musste.

Es verfestigte sich immer mehr das Bild in mir: niemand ist für mich da, mir kann keiner helfen, ich bin ganz allein.... Meine bereits fehlenden Bausteine wurden somit bestätigt und vertieft.

Dieses Erlebnis hat im Nachhinein betrachtet auch noch eine andere Schwingung. De Erfahrungen, die wir in der Kindheit mitbekommen, haben auch im weiteren Leben noch eine ganz spezielle Bedeutung.

Ich hatte bei diesem Erlebnis mit meinem Pflegevater erlebt, dass selbst meine Mutter nicht in der Lage war ihn zu beruhigen. Mein Pflegevater tobte in seinen epileptischen

Anfällen derart, dass er sich oftmals an dem Holzoberteil des Bettes die Fäuste aufschlug. Man braucht sicherlich nicht viel Phantasie, um sich vorzustellen wie laut gegen dieses Holzoberteil gehämmert wurde und wie die Geräuschkulisse war.

Diese Gewalt, oder auch männliche Gewalt machte mir als Kind große Angst. Ich fühlte mich hilflos und hatte Angst mit meinem Pflegevater allein zu sein, da mir klar war, dass ich in solch einer Situation nichts ausrichten konnte.

Erhaltene Information: „Männer sind gewalttätig, du hast keine Chance gegen sie!"

Warum reagiere ich in meinem Leben so, wie ich es tue?

In meiner sogenannten Kindheit ist es mir immer wieder passiert, dass ich mich allein, ausgeschlossen und verletzt gefühlt habe. Meine Cousinen, welche im selben Haus wie wir wohnen, schlossen mich aus sämtlichen Spielen aus, weil ich nicht auf dem Gymnasium war, nicht bei meinen wahren Eltern lebte. Immer wenn irgendwas passierte, war natürlich ich schuld.

Erhaltene Information: „Egal was passiert, ich bin immer Schuld und gehöre nicht dazu!"

Es wurde also auch immer wieder der Baustein von Schuld aktiviert, welcher sich bereits nach der Geburt in meinem Unterbewusstsein manifestiert hatte, da meine Mutter ja bei meiner Geburt gestorben war.

In der Schule galt ich auch automatisch als anders, weil ich bei Pflegeeltern lebte — damals war so eine Situation eher unüblich.

Als ich irgendwann mit 7 Jahren Schuppenflechte bekam - Hauterscheinungen dieser Art gelten in der Regel als Panzer den man sich zulegt, um eine Distanz zwischen sich und der Umwelt zu schaffen – wurde alles noch schlimmer."Geh weg du hast die Pest" waren noch die harmlosesten Äußerungen meiner Mitschüler.

Erhaltene Information: „Ich bin anders, ich bin nicht normal - ich muss mich schützen!"

Ich suchte mir als Ventil die Musik und erlernte verschiedene Instrumente, spielte im Orchester, um die Emotionen wieder in Gleichklang zu bringen.

Ich habe mich immer wieder darum bemüht, irgendwo dazu zugehören.

Im Berufsleben habe ich verschiedene Stationen durchlaufen. Ich habe immer um Anerkennung gerungen und mein Leben somit darauf eingestellt zu kämpfen.

Ich musste besser sein als Andere, damit ich anerkannt wurde. Folglich habe ich mich mächtig angestrengt, habe versucht überall besonders gut, schnell und effektiv zu sein. Meine schnelle Auffassungsgabe war mir dabei eine große Hilfe.

Erhaltene Information: „Das Leben ist Kampf - entweder du kämpfst, oder du gehst unter!"

Kämpfen war die einzige Art wie ich mein Leben verstand — auch hier dockte die Erfahrung an einem Baustein an, der bereits kurz nach meiner Geburt eine wichtige Rolle spielte.

Vor einigen Jahren habe ich die Ausbildung zum MET Therapeuten gemacht. MET ist eine Methode aus dem Bereich energetische Psychologie, welche zurückzuführen ist auf das Wissen der alten Chinesen, verbunden mit der modernen energetischen Psychologie.

Bei MET beklopft man die Anfangs- oder Endpunkte der Meridiane unter Benennung der Emotion oder des entsprechenden Glaubenssatzes. Herkömmliche Psychologie geht davon aus, dass wir z.B. das Trauma auflösen müssen damit z.B. die Angst weggeht.

MET geht davon aus, dass das Auflösung, von uns als negativ empfunden Emotionen der Schlüssel ist, um wieder in unserer Mitte zu kommen und somit die vergangenen belastenden Dinge aufzulösen.

Mit dieser Methode lernte ich somit eine Möglichkeit kennen, Dinge aus der Vergangenheit zu betrachten und aufzulösen.

Von da an begab ich mich auf meine ureigenste „Kellerentrümpelung". Ich sah mir mein Leben und die Stationen meines Lebens an und klopfte ein Thema nach dem Anderen. Schnell fiel mir zunächst auf, das die Themen: ausgeschlossen sein, Abgrenzung, ich stehe immer allein da, ich muss um alles kämpfen ...... sich wie ein roter Faden durch mein Leben zogen.

Nach und nach wurden immer mehr Lasten aus meinem inneren ans Tageslicht gebracht und aufgelöst.

Mit MET arbeitet man damit wie eine Zwiebel, Schale für Schale wird gelöst und man kommt immer tiefer und tiefer an die darunterliegenden Schichten heran.

Zerrbilder und neue Wahrheiten

Ich hatte es mir angewöhnt morgens vor dem Aufstehen an meinen Themen zu klopfen.

Eines Morgens klopfte ich wieder.

Plötzlich drehte sich das ganze Zimmer, ich sah Bilderfetzen. Mich im Babyalter im Krankenhaus..... Nachdem ich mich beruhigt hatte, holte ich mir professionelle MET Hilfe.

Nach der ersten folgenden Klopfstunde war mir klar, dass es sich um irgendeine Form von Machtausübung handelte. Irgendetwas, oder Irgendwer hatte mir das Gefühl gegeben zu irgendetwas gezwungen worden zu sein   - eine Form von Machtmissbrauch?

Nach der 2ten Klopfstunde war mir klar, dass auch ich zu den Personen gehörte, die einen sexuellen Missbrauch erlebt haben und das in den ersten 3 Lebensmonaten.

In diesem Alter ist es normalerweise so, dass Kind und Mutter eine energetische Einheit bilden.

Nur meine Mutter gab es in dieser Zeit nicht mehr. Ich war ganz allein, den Menschen ausgeliefert, die beschlossen hatten solche Dinge mit mir zu tun. Ganz klar wurde mir dabei, dass diese Menschen gedacht haben, dass ich sowieso sterben würde. Sie haben mich wie Abfall behandelt.

Erhaltene Information: „Ich bin Abfall, mit mir darf man alles machen, ich sterbe sowieso!"

Und wie es in solchen Situationen üblich ist, habe ich meinen Körper verlassen, denn ich hatte nicht die Möglichkeit um Hilfe zu rufen, denn ich war ja noch ein Baby.

Mir gelang es mit MET dieses traumatische Ereignis aufzuarbeiten und wieder in meine Stabilität zu kommen.

Aber das Bewusstsein dafür was damals passiert war, war bei mir auch das Puzzelteil,l was mir noch fehlte für manche meiner Verhaltensweisen in meinem Leben.

Derartige Traumata kommen nicht selten mit 30-40 jähriger Verspätung an die Oberfläche.

Für mich bildeten sich die Bausteine von Alleinsein, Schmerz, Ohnmacht, Wertlosigkeit, Angst verletzt zu werden, der Verrat meines Körpers, mein ambivalentes Verhalten zu Männern und zur Sexualität usw …

Wenn uns diese Bausteine fehlen, dann tun sie das ein Leben lang, selbst wenn wir die Themen bearbeiten.

Sie werden sagen, na dann brauche ich ja gar nichts aufzulösen!

Doch, man kann die alten Themen bearbeiten und somit in seine Stabilität kommen.

Nach der Bearbeitung sind auch diese Themen weitestgehend aufgelöst, aber diese alten Themen sind zumeist in schwach ausgeprägter Form immer noch mal ein Stück weit vorhanden. Sie finden Verknüpfungen mit bestimmten Lebenssituationen und kommen oftmals in veränderter, schwächerer Form wieder zum Vorschein.

Das Muster hat eine gewisse Ähnlichkeit, wie die Auswirkung einer Autoimmunerkrankung.

Nachdem man den Hauptanteil aufgelöst hat, kann man gut damit leben. Aber es kommen immer mal wieder Situationen wo man damit konfrontiert ist.

Wie muss man sich das Vorstellen?

Am besten erklärt es vielleicht eine Wahrnehmung, die ich bei einer Meditation mal hatte.

Ich war in einem Hochhaus. Ich konnte mich von Etage zu Etage bewegen und hatte damit auch kein Problem. Doch dieses Hochhaus hatte kein Erdgeschoss. Um in die erste Etage zu gelangen gab es nur eine Strickleiter.

Erhaltene Information: „Mir fehlt die Basis des Lebens, da ist nicht's!"

Auch wenn wir die alten Dinge bearbeiten, stoßen wir in Extremsituationen immer wieder an unsere fehlenden Bausteine und werden auf unsere Strickleitern zurückgeworfen.

Aktion und Reaktion

Vor ein paar Jahren machte ich bei einer speziellen Transformationsübung eine sehr interessante Erfahrung.

Wir sollten während einer meditativen transformierenden Übung zu einem Zeitpunkt unseres Lebens gehen. Bei mir war es so, dass sich mir der Zeitpunkt meiner Geburt zeigte.

Ich erlebte wie meine Mutter mich und meine Zwillingsschwester angeschaut hatte und wie wir versorgt wurden. Dann wurde uns die Aufgabe gestellt weiter zurück zu gehen in unserem Leben.

Demzufolge landete ich im Bauch meiner Mutter vor meiner Geburt. Ich nahm wahr warum ich mir meine Eltern ausgesucht hatte und was ich von Ihnen sozusagen „mitbekommen" wollte in diesem Leben.

Ich erlebte mich im Mutterleib und bekam auch die Geräusche und die Schwingungen außerhalb meines „Zuhauses" in der Gebärmutter mit.

Meine Eltern stritten sich sehr oft und es war oftmals eine sehr schwierige Stimmung – kein Wunder bei Geldproblemen und 6 anderen Geschwistern.

Ich wusste zu diesem Zeitpunkt plötzlich, dass ich meine Eltern nicht haben würde. Sie würden mich nicht begleiten in dieses neue Leben hinein.

Glasklar kam mir das Bewusstsein: „ Nein, dieses Leben will ich nicht, es ist mir zu schwer, das war eine falsche Entscheidung ich gehe lieber zurück!"

Erhaltene Information: „Ich schaffe das nicht!"

Doch bald darauf wurden wir, wie bereits beschrieben, schon mit einer schweren Ernährungsstörung und per Kaiserschnitt in dieses Leben gebracht.

Außer Frage steht, dass ich es in meiner Pflegefamilie bei meiner Tante und meinem Onkel sehr gut getroffen habe.

Meine Tante – oder wie ich sie immer nannte – meine Mutter, hatte weiterhin große Probleme mit meiner Ernährung. Nahrung die man mir einflößte spuckte ich fast umgehend wieder aus.

Heute ist mir klar, dass Teile dieser Verhaltensweisen auf den Missbrauch zurückzuführen sind.

Erhaltene Information: „Nichts mehr schlucken wollen!"

Ich entwickelte einen sogenannten Krupphusten – Pseudokrupp.

Bei dieser Erkrankung verengen sich die Atemwege.

Da ich meinen letzten Pseudokruppanfall mit 12 Jahren hatte, kann ich mich daran erinnern, dass ich wohl einatmen, aber nicht mehr ausatmen konnte und dabei wohl auch in Panik geraten und blau angelaufen bin.

Aus meiner Aufarbeitung des alten Themas weiß ich, dass es auch hier Parallelen zu meinem Missbrauch gab.

Erhaltene Information: „Ich muss jetzt ersticken, ich bekomme keine Luft mehr!"

Im Laufe meines Lebens und besonders in meiner Schulzeit machte ich immer wieder die Erfahrung, dass ich kämpfen musste, damit ich das bekam, was ich haben wollte.

Bereits im Kindergarten lief ein „komischer Film" ab.

Die Erzieherinnen meiner Gruppe orientierten sich nur an den Kindern, deren Eltern reichlich Präsente vorbeibrachten. Alle anderen Kinder waren irgendwie nur geduldet und unwichtig.

Und da meine Eltern nun mal nicht vermögend waren fiel auch ich durch den Raster.

Erhaltene Information: „Mich kann man nicht lieben, ich bin nicht wichtig!"

In der Grundschule achtete unsere Lehrerin ebenfalls auf besonders auf spendefreundliche Eltern, oder auf Eltern, die einen akademischen Grad, wie Arzt etc. aufzuweisen hatten.

Als ich dann noch - neben der „merkwürdigen" Konstellation in einer Pflegefamilie aufzuwachsen im 2ten Schuljahr Schuppenflechte bekam, war es ganz aus.

Die Lehrerin sagte meiner Mutter, sie könne es den anderen Kindern nicht erklären, sie ekelte sich selbst davor. Und so wurde ich auch behandelt. Titulierungen wie „geh weg du hast die Pest!" waren an der Tagesordnung.

Erhaltene Information: „Ich bin ekelig, mich kann man nur ablehnen!"

Als ich schließlich auf die Hauptschule kam, setzte ich die Situation fort, da 2/3 meiner Mitschüler ebenfalls an diese Hauptschule wechselte. Mit einer gewissen Verbissenheit fing ich an zu lernen. Ich wollte unbedingt gute Zensuren haben und somit begann mein Kampf.

Kämpfen kannte ich, musste ich doch bereits ums Überleben kämpfen, kaum dass ich geboren war.

Noten wurden an dieser Schule willkürlich vergeben. Ich erinnere mich, dass einmal unter einem Referat stand: „ eine sehr schöne Arbeit" und ich die Note befriedigend bekam. Ich war in vielen Fächern so gut, dass die Lehrer nicht umhin kamen mir gute Noten zugeben.

Es kostete mich aber auch sehr viel Energie und Lebensqualität.

Erhaltene Information: „Ich bin nur was wert, wenn ich gut bin!"

Von da an und auch später während meiner Berufsausbildung und auch im Beruf eignete ich mir verschiedene Fähigkeiten an. Ich entwickelte eine schnelle Auffassungsgabe, schnelles Reaktionsvermögen, verbale treffsichere Kommunikation.

Ich war in der Lage Dinge recht schnell zu durchschauen – sowas wie der 7te Sinn – und Lüge und Täuschungen zu entlarven.

Erhaltene Information: „Ich kann meine Ängste nur in Griff bekommen, wenn ich schnell reagieren kann!"

Aber auch diese meine „Überlebensfähigkeiten" wurden mir oftmals zum Verhängnis.

Sie brachten Menschen auf die Bildfläche, die sich mir unterlegen fühlten.

Wahrscheinlich fühlen Sie sich oftmals durchschaut – und das mag niemand gern.

Durch meine schnelle Auffassungsgabe bedurfte ich auch nicht so oft der Hilfe, wie vielleicht andere Kollegen und auch das war ein Dorn im Auge, da ich die Dinge ohne große Nachfragen erledigen konnte.

Konsequenz – ich wurde ausgegrenzt.

Egal wie ich mich verhielt, was ich tat, ich konnte es nicht recht machen. Mir selbst war es schlicht und einfach „zu blöd" mich dümmer zu stellen als ich war.

Ja-Sager-Tum war noch nie meins. Menschen mit Ecken und Kanten waren aber zumeist nicht gefragt.

Erhaltene Information: „Du nicht, du sicher nicht, wir wollen dich hier nicht!"

Ja, wie heißt es, aus den Steinen die einem in den Weg gelegt werden, kann man was Schönes bauen.

Nach vielen Umwegen und Stationen baute ich daraus meine Selbständigkeit.

Alle Fähigkeiten, die ich auf dem Weg bis hierher erlangt habe, in den verschiedenen Berufen kann ich nun miteinander kombinieren und zum Wohle meiner Kunden anwenden.

Fazit meiner fehlenden Bausteine

Dadurch, dass ich mir eine Liste mit allen noch präsenten Themen meines Lebens und den dazugehörigen Emotionen oder vermuteten Emotionen gemacht habe und diese dann Thema für Thema beklopft habe, habe ich auch meinen inneren Keller recht gut entrümpelt.

Aber meine zugrunde liegenden Bausteine, wie....

... für mich gibt es keine Sicherheit,

alles kann ganz schnell vorbei sein...

... Hilflosigkeit, Gewalt schockiert mich ...

... Wertlosigkeit, unwichtig sein, Trauer ...

... Getrenntsein, Einsamkeit, Verlassenheitsgefühl...

… ich kann mir nur allein helfen ich muss kämpfen, sonst
gehe ich unter …

…Männer sind gewalttätig, du hast keine Chance gegen sie…

… Schuldgefühle, ich ersticke, mir fehlt die Luft zu atmen …

… egal was ich tu ich kann nie gewinnen, Resignation …

… mich kann man nicht lieben, Ablehnung, Verzweiflung …

werden immer mal wieder an die Oberfläche kommen.

Dann ist es wichtig sie zu erkennen und zu wissen, warum sich grade dieser Baustein zeigt.

Ich darf ihn bearbeiten und mit Hilfe meiner Strickleiter meine Basis wieder herstellen.

Wie ist das denn nur mit den Bausteinen im Ihrem Leben?

Welche Bausteine haben Sie nicht erhalten?

Schauen wir uns doch mal die Situationen an und stellen wir fest, welche Bausteine durch die entsprechenden Situationen fehlen?

Alkoholismus in der eigenen Familie

Nehmen wir mal an, Sie werden als Kind eines Alkoholikers geboren. Ihre Aufgabe ist es immer Bier an der Bude zu holen, damit Ihr Vater oder Ihre Mutter genug Alkohol zu trinken hat. Wenn Ihr Vater oder Ihre Mutter total betrunken sind, müssen Sie dafür sorgen, dass sie ins Bett gehen, dass ihnen nichts passiert und dass Ihre jüngeren Geschwister versorgt sind und dass um Gottes Willen niemand mitbekommt was bei Ihnen zu Hause abgeht.

Erhaltene Information:
„Ich habe die komplette Verantwortung für meine Familie - wenn ich es nicht schaffe das alles zu händel'n, dann bin ich Schuld!"

Je nach dem in welchem Alter sie diese Erfahrungen machen müssen, hat dies auch unterschiedliche Auswirkungen. Erleben Sie diese Welt in Ihrem Elternhaus im frühen

Kindesalter, also so mit 2-6 Jahren oder gar noch früher, so hatten Sie keine Möglichkeit Urvertrauen aufzubauen.

Grade in den ersten Lebensjahren - bis zum 3ten Lebensjahr sind Mutter und Kind noch eine Einheit. Alle Dinge die Ihre Mutter erlebt – sei es nun körperliche Gewalt durch den Alkoholismus des Vaters – oder auch der Alkoholismus der Mutter, oftmals bis zur Bewusstlosigkeit, werden von Ihnen unmittelbar erlebt, so als wenn Ihnen dieses selbst passiert.

In den ersten Lebensjahren bauen wir Vertrauen in unsere Umgebung auf und eine sichere Umgebung die Geborgenheit und Schutz gibt ist enorm wichtig. Bei Kindern aus Alkoholikerfamilien fehlt diese so wichtige Umgebung.

Erhaltene Information:
„Das Leben ist ein unsicherer Ort -
du weißt nie was als Nächstes passiert!"

Erhaltene Information:
„Das Leben ist so schrecklich,
dass die Erwachsenen sich steht´s mit
Alkohol betäuben müssen!"

Erhaltene Information: „Ich bin nichts wert, ich bin total unwichtig und an allem schuld!"

Älter Kinder werden nicht selten in ein Lügenkonzept verstrickt. Sie müssen die Verantwortung für die Eltern, Geschwister und das eigene Leben übernehmen und das in einem Alter, wo andere Kinder noch unbeschwert spielen. Kindheit ist für Sie ein Fremdwort, denn Sie durften niemals Kind sein.

Erhaltene Information: „Meine Angst - ich schaffe das alles nicht mehr!"

Erhaltene Information: „Meine Angst an der Situation zu zuerbrechen!"

Oftmals sind Kinder und Jugendliche, welche in so einem Milieu groß werden, selbst schnell im Strudel von

Alkoholkonsum oder Drogen gefangen, weil ihnen irgendwann die Kraft fehlt, das alles durchzustehen.

Sie geben sich auf und sind nur all´ zu bereit, ebenfalls im Strudel des Vergessens zu versinken.

Erhaltene Information:
„Ich kann sowieso nichts verändern ich gebe auf!"

Erhaltene Information:
„Es interessiert eh keinen was mit mir ist,
ich bin mir selbst so egal!"

Thema Trennungs- oder Scheidungskinder

Wohl angemerkt sei hier, dass der richtige Umgang mit einer Trennung/Scheidung in der Familie meist Schaden von den Kindern fern hält. Leider gibt es aber auch die sogenannten Negativbeispiele.

Wenn z.B. die Eltern total zerstritten sind. Auseinandersetzungen sind an der Tagesordnung und man kann nicht mehr ruhig und gelassen miteinander umgehen. Sachlichkeit – Fehlanzeige. Vorwürfe, gegenseitige Verletzungen, Bemerkungen unter der allgemein bekannten „Gürtellinie" sind der übliche Umgangston – und das alles vor den Kindern.

Man muss kein Hellseher sein, um zu wissen, dass solche Situationen für Kinder nicht ohne Folgen bleiben.

Im Regelfall lieben die Kinder sowohl Vater, wie auch Mutter. Nun stehen sie auf einmal zwischen den Stühlen. Bedingt durch unsachliche und emotionale Auseinandersetzungen ist es für sie nicht mehr mögliche die Situation klar zu erkennen.

Erhaltene Information:
„Hier herrscht ein absolutes Chaos und Durcheinander - ich blicke nicht mehr durch!"

Die Kinder merken nur wie ihre heile Welt, ihr Nest zerbricht. Gar nicht so selten ist es, dass der ein- oder andere Elternteil versucht das Kind gegen den ehemaligen Partner zu beeinflussen oder gar aufzuhetzen.

Erhaltene Information: „Ich fühle mich so hilflos und weiß überhaupt nicht was ich tun soll!"

Die Kinder werden von den Eltern instrumentalisiert.

Sie werden gezwungen Partei zu ergreifen. Und egal wie das Kind sich auch entscheidet – es ist immer Schuld und der Ärger ist vorprogrammiert.

Erhaltene Information: „Egal was ich tue, ich kriege immer Ärger und bin schuld!"

Tödliche Erkrankungen...wie z.B. Krebs und Mukoviszidose...

Ist erst einmal der Stempel der Diagnose da und man erfährt dass eine „schlimme Erkrankung" vorliegt, dann dauert es meist nur Minuten, bis der Absturz kommt.

Der Boden öffnet sich und man fällt ins Uferlose.

Aber was heißt eigentlich tödliche Krankheit?

Fangen wir doch mal ganz Vorne an. In der Regel – falls wir nicht im Vorfeld eine andere Entscheidung getroffen haben – werden wir in einem gesunden, voll funktionsfähigen Körper geboren.

Jeder von uns war sicherlich schon einmal krank. Aber wann werden wir krank? Sie werden vielleicht sagen: Ja nun das passiert nun mal gelegentlich.

Der Körper lässt nur in seiner Funktion nach, wenn etwas nicht stimmt, denn ansonsten ist er ein perfekt zusammenspielendes System.

Gehen wir einmal zu den vermeintlich harmlosen Erkrankungen, wie Husten, Schnupfen, Halsschmerzen, Ohrenschmerzen, Zahnschmerzen, Magenverstimmung, Blähungen, Verstauchungen im Bein usw.

Was sagen sie uns?

Husten, od. Halsschmerzen –

Wem willst du was husten? Was kannst du nicht einfach sagen? Was muss dringend raus?

Schnupfen –

Wovon hast du die Nase voll? Was staut sich in deinem Kopf?

Ohrenschmerzen-

Was willst du nicht hören? Wovor verschließt du deine Ohren?

Zahnschmerzen –

Was kannst du nicht zerbeißen? Was kriegst du nicht geknackt?

Magenverstimmungen   -

Wovon wird dir übel? Bei welcher Situation wird dir schlecht?

Blähungen –

Was kannst du nicht loslassen? Was staut sich in dir?

Verstauchungen im Bein –

Womit kommst du nicht voran? Wo kannst du nicht vorangehen, was staut und staucht dich?

Merken Sie was?........Hinter jeder Erkrankung steckt ein Thema, ein Grund.

„Geh du voran sagt die Seele zum Körper. Aber dann werde ich krank werden sagt der Körper. Ja, sagt die Seele, aber dann hört er auf mich, der Mensch!"

Wir gehen noch einen Schritt weiter.

Alle Entscheidungen unseres Lebens treffen wir selbst, somit auch die Entscheidung zu erkranken.

Erhaltene Information: „Es geht so nicht mehr weiter für mich!"

Erhaltene Information: „Weil mir keiner hilft, werde ich halt krank!"

Schauen Sie also hinter die eigene Fassade und fragen sie sich, warum sie grade jetzt erkranken.

Bei den sogenannten tödlichen Erkrankungen ist es nicht viel anders. Auch diese haben wir uns ausgesucht.

Was hier hinzukommt ist die Tatsache, dass wir die Signale des Körpers in der Regel in der Vergangenheit missachtet haben.

So eine Erkrankungskette könnte so aussehen, wenn wir die jeweiligen Erkrankungen missachten und nicht auskurieren:

Schnupfen, dicke Erkältung, Grippe, Lungenentzündung, Herzmuskelentzündung, Herzinfakt....Exitus.....

Verankerte Information:
„Ich will dieses Leben nicht mehr..
ich will lieber Sterben..."

Zugrunde liegende Intention:
„Ich brauche Hilfe,
keiner hilft mir....,
keiner sieht mich...,
ich will beachtet werden!"

Emotionale Gewalt- Machtmissbrauch:

Missachtung – Bedrohung – Liebesentzug – Entmündigung

MISSACHTUNG

Die Werkzeuge emotionaler Gewalt und Machmissbrauch sind sehr vielfältig und sehr diffizil.

Vieles wird unter dem Deckmäntelchen von Sorge, Verantwortung, Regelungen und Normen versteckt.

Schauen wir uns doch einmal dies Instrument genauer an. Wie steht es mit dem Bereich Missachtung. Wenn ein Kind in einer Familie aufwächst, wo es permanent ignoriert und übersehen wird, wo seine Bedürfnisse nach Liebe, Zuneigung, Beachtung und Verständnis ständig übersehen werden – was für ein Weltbild bekommt so ein Kind.

Wie wir wissen lernen Kinder ja von ihren Vorbildern in der Regel von ihren Eltern. Wenn nun ein Kind welches zur Mutter oder zum Vater kommt ständig weggeschickt wird mit Äußerungen:

Geh weg du nervst....

Das was du sagst interessiert mich nicht....

Kinder haben den Mund zu halten, wenn Erwachsene reden..

Ich habe keine Zeit für dich, geh auf dein Zimmer und lass mich in Ruhe....

Du kostest mich schon genug Zeit, verschwinde....etc...

Was meinen Sie, welche Botschaften so ein Kind für sein Leben bekommt:

Erhaltene Information:
„Ich dürfte eigentlich gar nicht da sein!"

Erhaltene Information:
„Ich kann nichts richtig machen!"

Erhaltene Information:
„Ich werde hier nur geduldet!"

Erhaltene Information: „Mich kann man gar nicht lieben!"

Erhaltene Information: „Ich bin an allem Schuld, es reicht, dass ich da bin!"

Erhaltene Information: „Für mich gibt es keinen Platz in dieser Familie/in diesem Leben!"

BEDROHUNG

Was ist, wenn ein Kind ständig Bedrohung erfährt? Bedrohung kann sein, dass man ihm im schlimmsten Fall immer wieder sagt,

...wenn du nicht parierst bringe ich dich um, dann hat dein letztes Stündchen geschlagen...

...wenn du nicht folgst, sperre ich dich in den Keller ein....

Aber auch andere Formulierungen und Handlungen können eine Bedrohung sein,

....wenn du dieses oder jenes nicht tust dann erzähle ich deinem Lehrer, wie unmöglich du bist....

...wenn du nicht machst was ich dir sage, dann bekommst du für 2 Monate Hausarrest.....

...wenn du nicht tust was ich dir sage, dann wirst du dass von mir zu spüren bekommen....

Erhaltene Information:
„Ich bin hilflos dem Ganzen ausgeliefert!"

Erhaltene Information:
„Ich kann nichts richtig machen!"

Erhaltene Information: „Ich muss ständig Angst haben blamiert zu werden!"

Erhaltene Information: „Ich darf keine eigene Meinung haben und vertreten!"

Erhaltene Information: „Im Leben siegt immer nur der Starke!"

LIEBESENTZUG

Kinder die mit Liebesentzug gestraft werden bekommen ein ganz verfälschtes Weltbild mit, da eine der wichtigsten Emotionen, die wir Menschen hier auf dieser Erde haben können fehlt.

Liebe ist die Grundemotion, die uns unser Leben erst leben lässt und uns voran bringt. Es gibt die Aussage:„Alles was ich mit Liebe bestrahle, wächst und gedeiht".

Wenn dem so ist, brauchen wir nicht viel Phantasie, um uns vorzustellen, welche katastrophalen Auswirkungen ein ständiger Liebesentzug in der Kindheit hat.

Kinder in deren Familien Liebesentzug „praktiziert" wird, sind gar nicht in der Lage Bindungen aufzubauen. Sie haben keinen Bezug zur Liebe, geschweige denn zur Selbstliebe. Liebe hat meist so einen verschobenen Anstrich von …

….wenn du dies und jenes tust, dann habe ich dich auch lieb…

…ich hab dich gar nicht mehr lieb, wenn du frech bist und mir widersprichst….

Kinder dieser Familien sind meist verhungert nach Liebe, Anerkennung und Zärtlichkeit.

Die Mangelerscheinungen ausreichender Liebe findet man auch oftmals bei Kindern, welche in Heimen aufwachsen. Sicherlich tun die Erzieher dort alles Mögliche, um den Kindern ein schönes Zuhause zu schaffen –aber Liebe und Zuwendung werden geteilt und da bleibt manchmal nicht genug für das einzelne Kind übrig.

Liebe ist einer der wichtigsten Bausteine unseres Lebens.

Wenn Liebe für uns ein Fremdwort ist – oder mit ganz anderen Erwartungen besetzt ist, dann hat das fatale Folgen und zieht sich wie ein roter Faden durch unser ganzes Leben.

Erhaltene Information: „Mich kann man nicht lieben!"

Erhaltene Information: „Für Liebe muss man immer was tun, sie ist an Bedingungen geknüpft!"

Erhaltene Information: „Mit Liebe kann man prima manipulieren!"

ENTMÜNDIGUNG

Aber auch ein Übermaß an vermeintlicher Liebe kann ein Mittel des Machtmissbrauches sein.

Sie kennen sicherlich auch Familien in denen die Kinder sozusagen in Watte gepackt werden. Sie dürfen rein gar nichts. Vor jeglichen Gefahren werden sie fern gehalten. Alles muss steril sein, die Kinder werden fast wie kleine Ausstellungsgegenstände behandelt.

Aussagen wie...

.....nein lass das mal, das kannst du nicht das macht Mama/Papa....

...gibt das her, daran könntest du dich verletzen....

....nein mein Kind das ist nicht gut für dich, wenn du das machst ist Mama ganz traurig...

....sei los vorsichtig nicht, dass was passiert....

Wissenschaftliche Untersuchungen haben sogar eine ganz extreme Form dieser Art von Behandlung herausgefunden. Mütter haben ihren Kindern mit der Verabreichung von verschiedenen Medikamenten, der Verletzung mit Gegenständen usw. krank gemacht, damit sie als liebevolle Mutter mit ihnen zum Arzt gehen konnten.

Erhaltene Information:
„Ich darf nichts entscheiden in meinem Leben!"

Erhaltene Information:
„Ich kann und bin nichts ohne Mama und Papa!"

Erhaltene Information:
„Egal wie weh es tut,
ich muss machen was Mama und Papa sagen!"

Erhaltene Information:
„Ich bin nichts wert und bin total unfähig!"

Erhaltene Information:
„Ich darf nichts besser können als Mama ode Papa!"

Begrenzendes Vorbildsverhalten

Eine sehr belastende Umgehensweise mit Kinder, sind die so beliebten Glaubenssätze, die als Begrenzungen und Warnungen unser Leben von frühster Kindheit an beeinflussen.

Und Glaubenssätze gibt es reichlich, mit denen wir bedacht werden.

Diese Glaubessätze sind wie unsichtbare Hütchen, die uns aufgesetzt werden und mit denen wir oftmals ein Leben lang herumlaufen und uns wundern, warum das eine oder andere überhaupt nicht funktioniert.

Ein Glaubenssatz hat immer ein und die selbe Information –

Erhaltene Information:
‚Dies ist so und du kannst es nicht ändern!'

Hier eine Auswahl an verschiedenen Glaubenssätzen die uns aufgesetzt wurden:

- Was Hänschen nicht lernt, lernt Hans

  nimmer mehr...

- Hochmut kommt vor dem Fall...

- Über Geld spricht man nicht, das hat man....

- Schuster bleib bei deinen Leisten...

- Frauen tragen keine Hosen....

- Es schickt sich nicht, wenn eine Frau einen

  Mann anspricht...

- Solang du die Füße unter meinen Tisch stellst,
  sag ich wo es lang geht...

- Geld muss man sich hart verdienen....

- Besser den Spatz in der Hand, als die Taube

  auf dem Dach...

- Bescheidenheit ist eine Zier....

- Geld kommt immer nur zu Geld...

- Du musst Vater und Mutter ehren....

- Sei froh, wenn du Arbeit hast.....

- Sei zufrieden mit dem, was du hast...

- Der Hahn schmeißt immer auf den größten Mist....

- Man gibt keine Widerworte,.....

- Benimm dich, was sollen die Leute denn denken....

- Pass dich an, fall bloß nicht auf...

- Man gibt die Hand, wenn man Jemanden besucht.....

- Man steht auf und mach Platz im Bus, wenn eine ältere Person reinkommt....

- Männer machen keine Frauenarbeiten....

- Frauen können nicht Autofahren....

- Du bist zu dumm dazu, xy zu machen.....

- Frauen brauchen keine Ausbildung, die heiraten sowieso...

- Männer müssen einen anständigen Beruf

  Haben, damit sie die Familie ernähren

  können…

- Es wird gegessen, was auf den Tisch

  kommt….

- Geld macht auch nicht glücklich….

- Geld verdierbt den Charakter….

Vielleicht werden Sie nun sagen, der ein oder andere Satz stimmt doch!

Haben Sie sich die Sätze einmal genau durchgelesen. Was passiert nun, wenn sie so ein „durchsichtiges Hütchen" aufgesetzt bekommen haben.

Schauen wir uns einmal den Satz. „Geld verdierbt den Charakter…." an.

Wenn Sie diesen Glaubenssatz ihren eigenen nennen – was glauben Sie dann wirklich?

Geld ist unser Zahlungsmittel. Da heißt es; wenn ich Geld habe, habe ich keinen guten Charakter?

Wer will schon von sich sagen, dass er keinen guten Charakter hat.

Aber das wäre die Konsequenz des Satzes - entweder ich habe Geld ....bin vielleicht reich ....dann gelte ich als charakterlos.....Oder ich habe Charakter und kein Geld.

Ich hatte mal einen jungen Mann bei mir in der Praxis mit sogenannter Sozialphobie.

Dieser junge Mann hatte Angst vor allen möglichen Dingen. Wir arbeiteten einige Stunden alles auf – aber wir kamen irgendwie nicht so recht zum Ursprungspunkt. Als wir anfingen die Glaubenssätze zu bearbeiten, da löste sich plötzlich die Blockade. Es stellte sich heraus, dass der junge Mann eine immense Portion Glaubenssätze von seinen Eltern mit auf den Weg bekommen hatte.

Nach und nach lösten wir diese auf und er kam ganz bei sich an. Danach brauchte er keine therapeutische Unterstützung mehr und bekam sein Leben gut in den Griff.

Eine Klientin kam zu mir mit einem seit 5 Jahren bestehenden attestierten Burn-Out.

Sie hatte schon alles Mögliche versucht, aber stets ohne bzw. mit mäßigem Erfolg.

Wir begannen also mit der Arbeit.. Bereits nach kurzer Zeit sprang sie auf und sagte:"Ich weiß nun was die Ursache ist – Meine Mutter hat immer gesagt....das ganze Leben ist eine Jammertal!"

Wir lösten den Satz auf und das ganze Burn-Out war Geschichte.

Sie sehen also, solche Glaubenssätze verhindern oftmals, dass wir die Möglichkeit haben auf unsere mitgebrachten Bausteine zu schauen, zuzugreifen fast wie ein Computervirus.

Bausteine und einige ihrer Folgen in den Lebenssituationen:

- *Erhaltene Information: „Jederzeit kann meine heile Welt zusammenbrechen!"*
  Angst - Unsicherheit – Hemmungen Neues zu versuchen – Unbeweglichkeit – Zurückgezogenheit – Klammern an Situationen und Personen…..

- *Erhaltene Information: „Ich bin hilflos und ganz allein!"*
  Einsamkeit – Unselbständigkeit – Unsicherheit – Leere – Vereinsamung…

- *Erhaltene Information: „Ich bin nichts wert, ich bin unwichtig!"*
  Sich klein machen – sich ständig hinten anstellen – sich nicht wahrnehmen und fühlen können – linkisches Verhalten….

- *Erhaltene Information: „Ich fühle mich von anderen Menschen getrennt!"*
  Verringerte Kommunikationsfähigkeit – übermäßige Zurückhaltung – das Gefühl sich nicht artikulieren zu können- - Einsamkeit – Gefühl des Unwohlseins in Gesellschaft – eigenbrödlerisches Verhalten….

- ***Erhaltene Information: „Mein Schock über diese Gewalt!"***
  Laute Emotionsausbrüche verursachen Angst und Schock – Angst vor lauten Stimmen – Erstarrungsreflex – Hilflosigkeit....

- ***Erhaltene Information:„Ich kann mir nur allein helfen, ich muss erwachsen werden!"***
  Lebenslanger Kampf – Aggression - machtvolles Verhalten – Angst zu versagen....

- ***Erhaltene Information:„Männer sind gewalttätig, du hast keine Chance gegen sie!"***
  Panische Angst vor Männern – Angst vor Nähe – den absoluten Drang alles kontrollieren zu wollen – sich nicht auf Männer einlassen können – Männer nicht einschätzen können...

- ***Erhaltene Information: „Egal was passiert, ich bin immer Schuld und gehöre nicht dazu!"***
  Gefühl ausgeschlossen zu sein – eine gewisse Schwere – Missverständnisse immer auf sich beziehen – sich immer schnell zurückziehen.....

- ***Erhaltene Information: „Ich bin anders, ich bin nicht normal – ich muss mich schützen!"***
  Sich als annormal erleben – eine Mauer um sich herum aufbauen – den anderen Menschen

etwas vorspielen – ständig eine sogenannte Maske tragen – tiefste Verzweiflung....

- *Erhaltene Information: „Das Leben ist Kampf – entweder du kämpfst oder du gehst unter!"*
  Angst in den Abgrund gerissen zu werden – das Gefühl, das alle Menschen dich angreifen – ständiger Druck und ständige Anspannung – oftmals das Gefühl mit dem Rücken an der Wand zu stehen...

- *Erhaltene Information: „Ich bin Abfall, mit mir darf man alles machen, ich sterbe sowieso!"*
  Ich habe kein Recht zu leben – große Todessehnsucht – Willenlosigkeit –

- *Erhaltene Information: „Mir fehlt die Basis des Lebens, da ist nichts!"*
  Keine Stabilität – das Gefühl im Raum zu schweben – Unsicherheit – Orientierungslosigkeit..

- *Erhaltene Information: „Ich schaffe das nicht!"*
  Selbstzweifel – kein Selbstvertrauen – Verzweiflung – leicht zu verunsichern – keine Stabilität...

- **_Erhaltene Information: „Nichts mehr schlucken wollen!"_**
Aggression – Bockigkeit – keine Kompromissfähigkeit – das Gefühl der ständigen Gefahr....

- **_Erhaltene Information: „Ich muss jetzt ersticken, ich bekomme keine Luft mehr!"_**
Nicht in der Lage richtig zu atmen – Hyperventilation – bis hin zum Asthma – Sprachlosigkeit – Panik...

- **_Erhaltene Information: „Mich kann man nicht lieben, ich bin nicht wichtig!"_**
Gefühllosigkeit zu sich selbst – Verachtung für sich selbst – keine Selbstliebe – keine Selbstakzeptanz – in sich gekehrt sein....

- **_Erhaltene Information: „Ich bin ekelig, mich kann man nur ablehnen!"_**
Hass auf sich selbst – nicht in der Lage in den Spiegel zu schauen – sich selbst egal sein – bis zur Entwicklung von Hautproblemen, Korpulenz etc....

- **_Erhaltene Information: „Ich bin nur was wert, wenn ich gut bin!"_**
Übersteigerte Leistungsfähigkeit – Zwang perfekt sein zu müssen – hohe Selbstkritik –

Strebertum – Zusammenbruch, wenn was nicht klappt....

- ***Erhaltene Information: „Ich kann meine Ängste nur in Griff bekommen, wenn ich schnell reagieren kann!"***
  Drang durch Schnelligkeit von sich abzulenken – Stress – enormer Druck – voranpreschen – ein lebenslanges Rennen...

- ***Erhaltene Information: „Du nicht, du sicher nicht, wir wollen dich hier nicht!"***
  Gebrandmarkt sein – Ablehnung – Ausgrenzung – Einsamkeit – nirgendwo dazu gehören - Hoffnungslosigkeit - Verlassenheitsgefühl...

- ***Erhaltene Information: „ Ich habe die komplette Verantwortung für meine Familie – wenn ich es nicht schaffe das alles zu händel´n, dann bin ich schuld."***
  Druck – Angst zu versagen – Panik – Angst vor den Folgen des eigenen Handelns – Angst vor Strafe....

- ***Erhaltene Information: „Das Leben ist ein unsicherer Ort – du weißt nie, was als Nächstes passiert."***

Angst aus der gewohnten Umgebung
rauszukommen – Angst das wieder was
passiert – Hilflosigkeit....

- **_Erhaltene Information: „Das Leben ist so_
  schrecklich, dass die Erwachsenen sich
  steht´s mit Alkohol betäuben müssen."**
  Neigung zu Drogenkonsum – Suchtverhalten –
  in schwierigen Situationen das Leben betäuben
  wollen – Fluchtverhalten – die Wahrnehmung
  das Leben ist nicht zu ertragen....

- **_Erhaltene Information: „Ich bin nichts wert,_
  ich bin total unwichtig und an allem schuld."**
  Selbstzweifel – Verzweiflung – sich unsichtbar
  machen – sich zurückziehen – Flucht....

- **_Erhaltene Information: „Meine Angst - ich_
  schaffe das alles nicht mehr."**
  Versagensängste – Kraftlosigkeit –
  Mutlosigkeit – das Bedürfnis aufzugeben...

- **_Erhaltene Information: „Meine Angst an der_
  Situation zu zerbrechen."**
  Das Gefühl zusammenzuklappen – tiefste
  Verzweiflung – Ohnmachtsgefühl – Gefühl nach
  unten gezogen zu werden....

- **Erhaltene Information: „Ich kann sowieso nichts verändern, ich gebe auf."**
  Ratlosigkeit – Hoffnungslosigkeit – Perspektivlosigkeit – Ohnmacht – Leere. – Gefühllosigkeit....

- **Erhaltene Information: „Es interessiert eh keinen was mit mir ist, ich bin mir selbst so egal."**
  Keinen Bezug zu sich selbst haben – sich treiben lassen – sich nicht spüren können Verachtung für sich selbst – Vakuumgefühl...

- **Erhaltene Information: „Hier herrscht ein absolutes Chaos und Durcheinander – ich blicke nicht mehr durch."**
  Keine Struktur für das eigene Leben finden – chaotisch im Leben bleiben – Verwirrtheit – Orientierungslosigkeit....

- **Erhaltene Information: „Ich fühle mich so hilflos und weiß überhaupt nicht, was ich tun soll."**
  Schrei nach Liebe – Unsicherheit – Ratlosigkeit – Sehnsucht nach einer Schulter, jemanden der alles richten soll – keine Verantwortung für sich selbst übernehmen können...

- ***Erhaltene Information: „Egal was ich tue, ich kriege immer Ärger und bin schuld***
  Mutlosigkeit – Gefühl alles ist eh egal – sich nur treiben lassen – Antriebslosigkeit – Opferdasein….

- ***Erhaltene Information: „Es geht so nicht mehr weiter für mich.“***
  Gefühl am Ende zu sein – Ausweglosigkeit – des Lebens müde sein – Ratlosigkeit…

- ***Erhaltene Information: „Weil mir keiner hilft werde ich halt krank.“***
  Die sogenannte Krankheit als Weg – Aufmerksamkeitsdefizit – Hilfeschrei – sich selbst spüren wollen….

- ***Verankerte Information: „Ich will dieses Leben nicht mehr…ich will lieber Sterben…“***
  Gefühl am Ende zu sein – Ausweglosigkeit – des Lebens müde sein –Suizidgefahr - Todessehnsucht…

- ***Zugrunde liegende Intention: „Ich brauche Hilfe, keiner hilft mir, keiner sieht mich, ich will beachtet werden….“***
  Sich klein und unwichtig fühlen – Geltungsbedürftigkeit – Schwäche – Aufmerksamkeitsdefizit…

- *Erhaltene Information: „Ich dürfte eigentlich gar nicht da sein!"*
  Kein Recht zu leben – keine Daseinsberechtigung – Schuldgefühl zu leben – Schamgefühl – Wunsch sich unsichtbar zu machen…

- *Erhaltene Information: „ Ich kann nichts richtig machen!"*
  Angst vor Bestrafung – kein Vertrauen in sich – Abwertung des Selbst – Verachtung….

- *Erhaltene Information: „ Ich werde hier nur geduldet!"*
  Das Gefühl nicht da sein zu dürfen – das Gefühl sich für sich selbst entschuldigen zu müssen – sich unsichtbar machen wollen – Unauffälligkeit…

- *Erhaltene Information: „ Mich kann man gar nicht lieben!"*
  Mangelnde Selbstliebe – kein Bezug zum inneren Kind – tiefe Trauer – Verzweiflung – Schmerz – Grenzerfahrungen….

- ***Erhaltene Information: „ Ich bin an allem Schuld, es reicht, dass ich da bin!"***
  Kein Bezug zu sich selbst – Ablehnung zu sich selbst – Einsamkeit – Mutlosigkeit – Resignation...

- ***Erhaltene Information: „ Für mich gibt es keinen Platz in dieser Familie/in diesem Leben!"***
  Haltlosigkeit – keine Zugehörigkeit – fehlende Geborgenheit – keine Liebe – Trauer – streben nach Anerkennung....

- ***Erhaltene Information: „Ich bin hilflos dem Ganzen ausgeliefert!"***
  Opferhaltung – das Gefühl alles erdulden zu müssen – Verletzung als was Normales erleben – sich nicht spüren können....

- ***Erhaltene Information: „ Ich kann nichts richtig machen!"***
  Herabsetzung des Selbst – Verachtung – Ablehnung des Selbst – sich selbst runter machen – Mutlosigkeit...

- ***Erhaltene Information: „ Ich muss ständig Angst haben blamiert zu werden!"***
  Schamgefühl – Glaube ich bin peinlich – Angst entlarvt zu werden – im Boden versinken wollen – um keinen Preis auffallen wollen....

- ***Erhaltene Information: „ Ich darf keine eigen Meinung haben und Vertreten!"***
  Mitläufertum – Ja – Sagertum – Meinungslos – leicht manipulierbar – Unsicher – kann nicht auf eigene Gefühle zugreifen...

- ***Erhaltene Information: „ Im Leben siegt immer nur der Starke!"***
  Eigene Schwäche verachten – Resignation – Schwäche – Hilflosigkeit – Unsicherheit – Ratlosigkeit – Kraftlosigkeit...

- ***Erhaltene Information: „Für Liebe muss man immer was tun, sie ist an Bedingungen geknüpft."***
  Erhaltene Information: „Mit Liebe kann man prima manipulieren."
  Sich Liebe erkaufen wollen – Untertänig sein – Liebe nicht wirklich wahrnehmen können – Liebe mit Macht verwechseln....

- *Erhaltene Information: „Ich darf nichts entscheiden in meinem Leben."*
  Nicht in der Lage sein Leben auf die Reihe zu kriegen – Unsicher – Manipulierbar – der ständige Zweifler – kein Verantwortungsbewusstsein....

- *Erhaltene Information: „Ich kann nichts ohne Mama und Papa."*
  Lebensunfähig – im Kindesalter stecken geblieben – keine Eigenständigkeit – Unfähigkeit selbst für sich zu sorgen....

- *Erhaltene Information: „Egal wie weh es tut, ich muss machen was Mama und Papa sagen."*
  Nicht im Erwachsenenleben angekommen – Manipulierbar – Unsicher – nicht in der Lage zu reflektieren – keine eigenständige Persönlichkeit – Angst die Eltern zu verletzen....

- *Erhaltene Information: „Ich bin nichts wert und bin total unfähig."*
  Unsicherheit – Unselbständig   kein Urvertrauen – sich selbst nicht wahrnehmen können – Marionette der Gesellschaft....

- ***Erhaltene Information: „Ich darf nichts
  besser können, als Mama oder Papa."***
  Schuldgefühle, wenn eigene Ideen aufkommen
  – seine Fähigkeiten gar nicht erst entdecken –
  vorprogrammierter Misserfolg – Unfähigkeit
  das Leben anzupacken….

Was ist nun des Rätsels Lösung?.....

Wie schaffe ich den Spagat und wandle die fehlenden Bausteine in Energie und Kraft um, die mich wieder in meine Mitte bringen und mich stärken?

Es gibt sicherlich viele Techniken und Methoden, die Ihnen in solchen Situationen hilfreich sein können.

Eine davon möchte ich Ihnen hier in diesem Buch vorstellen, sie heißt

MAN-DELPrinzip nach Krusel®.

Diese, meine von mir entwickelte Technik, hat ihre Ursprünge in der energetischen Medizin, genauer gesagt in der energetischen Psychologie und in der zugehörigen Klopftechnik.

Sie ist eine Methode, die allerdings wesentlich mentaler arbeitet, als die reine Klopftechnik. Dazu kommt noch, dass hier die Erfahrungen und das Wissen, um das Gesetz der Anziehung eine große Rolle spielen.

Sie werden vielleicht sagen: „Mandel - komischer Name, hat das was mit der Nuss zu tun?"

In der Tat ist das gar nicht so weit hergeholt. Betrachten wir uns doch einmal die Mandel.

Der MANDEL-Baum ist eine Pflanzenart aus der Familie der Rosengewächse.

Der Mandelbaum stammt aus Südwestasien und wird bereits seit 4000 Jahren kultiviert.

Süße Mandeln haben eine zimtbraune rauhe Haut.

Der **Kern ist sehr hart** und lässt sich oft nur mit Hilfe von heißem Wasser schälen.

Die **Mandelblüte ist leicht und duftig** und ihre 5 Blätter erstrahlen in den Farben Weiß bis Rosa.

Verbreitet kommt der **Mandelbaum im Mittelmeerraum** vor, wie in **Spanien, Italien, aber auch in Deutschland.**

Mandeln werden zum **Rohgenuss, für Mehlspeisen**, zum Dekorieren (Splitter, Blätter) und zur Herstellung von gebrannten Mandeln, **Likören, Weinen** und **Marzipan** verwendet.

Auch in der Kosmetik ist dies als **Duft oder Öl** nicht mehr wegzudenken. Mandeln sind somit Gewächse, die für den Menschen in vielfacher Form und Art Verwendung finden. Somit kann man die Mandel als Frucht mit der Vielfalt des Lebens vergleichen.

Das MAN-DELPrinzip nach Krusel® - wendet sich auch oft dem harten Kern zu, der von unserem inneren Schweinehund all´ zu oft geschützt wird.

Erst, wenn wir unsere alten belastenden Themen bearbeitet haben, können wir zur Leichtigkeit, die uns auch in der Mandelblüte begegnet, kommen.

Bei den fehlenden Bausteinen von **Liebe, Glück, Freude, Lachen, Zufriedenheit, Geborgenheit, Glaube an uns selbst, Dankbarkeit, Selbstvertrauen, Hoffnung, usw…** , stellt sich oft die Frage, wo in unserem Leben diese Bausteine für uns nicht vorhanden waren und wo wir stattdessen extremen Belastungen ausgesetzt waren.

Wie kam es zu dieser Technik???

MAN-DELPrinzip nach Krusel ® ist ein gechannelter Name.

Vor ein paar Jahren meinte eine Freundin zu mir: „**Verbinde doch mal das Klopfen mit dem Gesetz der Anziehung**".

Nachdem ich ein wenig darüber nachgedacht hatte, fand ich, dass dies eigentliche keine schlechte Idee wäre.

Mir war aber von Vornherein klar, dass die Technik die ich entwickeln sollte **einen Namen braucht**, denn ein Name gibt Kraft. Für mich fühlte es sich so an, dass zunächst ein Name her musste und dass sich dann die Technik entwickeln würde.

Also lief ich die nächsten 48 Stunden stets mit Block und Bleistift herum und notierte alle möglichen Wortwendungen, die mir nur in den Sinn kamen.

Aber es war irgendwie nichts Brauchbares dabei.

Schon völlig entnervt wandte ich mich schließlich an die Engel – die Helfer der geistigen Welt und sagte: „Wenn ihr wollt, dass diese Technik entsteht dann gebt mir bitteschön auch einen Namen dafür.

Am nächsten Morgen erwachte ich mit dem Begriff **MANDEL** in meinem Kopf.

Ich dachte zunächst – wieso MANDEL? So wie Orange, Zitrone, Banane???

Da formten sich die nächsten Worte:

M wie

MERKEN

A wie

AUFLÖSEN

N wie

NEUGESTALLTEN

D wie

DENKEN

E wie

EMPFINDEN

L wie

LOSLASSEN

Mein **MAN-DEL Prinzip nach Krusel®** war geboren.

Merken oder etwas Bemerken ist eine wichtige Voraussetzung, um eine Änderung in unserem Leben vornehmen zu können. Ich bemerke, wenn ich genau hinschaue, in welche Richtung meine Gedanken und Gefühle bisher gegangen sind.

Erst wenn ich mir erlaube dies zu Bemerken, dann bin ich ganz bewusst bei mir und lege den Grundstein, ich schaffe die Basis die Dinge zu verändern.

Auflösen oder eine Lösung finden, ist dann in der Regel das nächste Anliegen. Ich brauche eine Möglichkeit, einen Weg, wie ich mich von alten Strukturen befreien kann. Auflösen hier in diesem Zusammenhang meint, dass ich mich der Techniken der energetischen Psychologie des MAN-DELPrinzips nach Krusel® bediene.

Neugestallten – neues Kreieren meinem Leben eine neue andere Richtung geben. Ich entscheide, wo will ich hin, wo ist mein Ziel. Nur wenn ich ein Ziel habe, dann kann ich auch einen Weg von A nach B gehen. Ich bestimme die Richtung, wo es jetzt hingehen soll z.B. mit Wahlsätzen, Festlegung von Zielen und Zieleklopfen etc.

Das Denken, meine Gedanken spielen eine sehr wichtige Rolle. Man sagt: „Du bist heute das, was du gestern gedacht hast". Darum ist es wichtig das alte Denken aufzulösen. Wir räumen auf mit alten Glaubenssätzen, die uns daran hindern können unserem Sender eine andere Frequenz zu geben. Wichtig ist es nach dem Neugestallten unsere Gedanken zu beobachten, damit sich die Richtung nicht wieder in eine vermeintlich falsche Richtung entwickelt. Inzwischen ist es wissenschaftlich erwiesen, dass sich eine Änderung in unserem Denken erst tiefgreifend bemerkbar macht, wenn wir mindestens 30 Tage unser Denken beobachten und wahrnehmen und direkt eine andere Richtung ansteuern, wenn es sich um destruktive Gedanken handelt. Erst nach 30 Tagen kontinuierlichem Training des Denkens, ist die veränderte Denkweise manifestiert. Und damit meine ich tägliches Training. Untersuchungen haben ergeben, dass sich alte Muster schnell wieder einschleichen, wenn man diese 30 Tage unterbricht.

Unser Empfinden, unsere Gefühle machen uns oftmals noch den sogenannten Strich durch die Rechnung. Wir sind Menschen und denken in Bildern. Zu jedem Bild gibt es in der Regel auch ein Gefühl. Erst wenn ich das dahinterliegende z.B. vermeintlich negative Gefühl auflöse, ist mir das Bild egal.
Ich stelle also fest, wie ich mich fühle, und bemerke, in welchem Bereich des morphogenetischen Feldes ich mich befinde, um meine Schwingung so weit zu erhöhen, dass Fühlen, Denken und Handeln eine Einheit bilden. Wenn ich meinem Fühlen freien Lauf lasse, sollte ich bedenken in welche Richtung es grad geht, denn in jedem Fühlen gebe ich der dahinterliegenden Situation Energie. Dahin worauf wir uns fokussieren lenken wir unsere Energie.

Loslassen – und einfach in die Leichtigkeit gehen. Ich verbinde mich mit dem höheren Selbst und reflektiere, dass ich im Fühlen, Denken und Handeln eine Einheit bilde und löse mittels dieser Mentaltechnik auch die restlichen behindernden Elemente - welche bisher nicht in mein Bewusstsein gekommen sind – auf und lasse los. Ich gewöhne es mir an ein Denken und Empfinden wahrzunehmen, damit ich stets in der Lage bin Dinge und Situationen, die für mich nicht förderlich sind loszulassen.

Unsere spezielle Kraftquelle die Thymusdrüse!

MAN-DELPrinzip nach Krusel® arbeitet im Wesentlichen, als Schwerpunkt nur mit 2 Punkten.

> Zum einen der **Schlüsselbeinpunkt** – zu diesem kommen wir später

> Zum anderen die **Thymusdrüse**

Wir beschäftigen uns zunächst mit der Thymusdrüse.

Der Begriff Thymus kommt aus dem Griechischen und bedeutet Lebensenergie.

Die Thymusdrüse liegt auf dem Brustbein, etwa 6 cm unterhalb der Halskuhle.

Diese Thymusdrüse hat eine Besonderheit. Bei unserer Geburt ist sie sehr groß und kraftvoll.

Da gehen wir in unser neues Leben und haben noch unser volles Kraftpotential – unsere Lebenskraft.

Bei unserem Tod ist die Thymusdrüse nur noch Erbsengroß, was sich mit der nun fehlenden Lebenskraft erklärt.

Die Thymusdrüse kann aber wieder von uns aktiviert werden.

Wenn wir die Thymusdrüse leicht mit den Fingerspitzen beklopfen, stellen wir eine Resonanz her.

Dieses mechanische Beklopfen der Thymusdrüse schüttet dort T-Leukozyten aus, welche in die Blutbahnen, das Gewebe, in die Organe gehen und dort unseren Körper kräftigen und stabilisieren.

Natürlich soll nur Positives in die Thymusdrüse geklopft werden, da wir uns ja nun mal nicht schwächen wollen.

Bei MAN-DELPrinzip nach Krusel® geschieht die hauptsächliche Auflösung der Belastung mittels positiver Entsprechung auf der Thymusdrüse.

Mein MAN-DELPrinzip nach Krusel® - basiert auch auf einem Teilbereich des Klopfens.

Hier geschieht die Auflösung mittels eines Bilderrahmens und der Thymusdrüse.

Man klopft hier den Nierenpunkt beidseitig und macht sich bewusst,

- was ist mein Thema,
- welche Gefühle wirken,
- welche Personen sind beteiligt und
- welche Glaubenssätze gibt es.

Dann werden alle Emotionen, Personen oder der betroffene Anteil der Person, alle Glaubensätze in Form von Überschriften und eine Hand voll Kieselsteine für alles was grad nicht bewusst ist mit in das Bild gegeben.

Danach klopft man auf die Thymusdrüse und hält sich das Bild vor Augen.

Ich.....liebe glaube und danke,

ich bin im hier und jetzt und

lasse jetzt all das los,

denn ich darf einfach sein.

Dann klopft man weiter **die Thymusdrüse** atmet 2 mal tief ein und aus.....

Man klopft wieder **auf dem Nierenpunkt** ...schaut auf sein Bild und fragt sich

...was ist noch auf dem Bild.

Zumeist ist nichts mehr darauf zu sehen und dann ist das Thema damit durch.

Sollte noch ein Rest auf dem Bild sein, so fegt man mit einem Besen alles in die Mitte und sagt erneut den Klopfsatz:

Ich...liebe glaube und danke.....

und beklopft die Thymusdrüse bist nichts mehr auf dem Bild zu sehen ist.

Wie funktioniert MAN-DELPrinzip nach Krusel® nun rein praktisch?

Beispiel:

Stellen wir uns mal vor, wir haben Streit mit unserem Vater gehabt. Es ging damals darum, dass Ihr Vater Ihnen vorschreiben wollte, wie Sie mit Ihrem Geld umgehen sollen. Er hat behauptet, dass Sie absolut nicht mit Geld umgehen können. Er war überzeugt davon, dass Sie es so nie zu etwas bringen würden. Der Streit liegt schon einige Zeit zurück und Sie haben Ihn tief in Ihrem Innern vergraben. Aber grade jetzt haben Sie mit Ihrem Vater telefoniert und es kamen die Selben Anschuldigungen und Beschimpfungen wieder zum Vorschein.

Zunächst einmal beklopfen Sie dann Ihre Nierenpunkte, die Punkte Nummer 6, das sind die Punkte halsbreit etwas unterhalb vom Schlüsselbein.

Nun benennen Sie alle Emotionen die Ihnen durch dieses Gespräch hochgekommen sind:

Wut – Ärger – Hass – Trauer – Verzweiflung – Machtlosigkeit.....usw...

Stellen Sie sich nun einen Bilderrahmen vor und packen Sie in dieses Bild die Emotionen als geschriebenes Wort.

Anschließend stellen Sie sich den vermeintlichen Glaubenssätzen:

- ich werde nie mit Geld umgehen können
- ich kann nichts richtig machen
- egal was ich tue, mein Vater wird mich nie anerkennen
- ich bin immer das schwarze Schaf
- mein Vater hat immer recht
- ich werde niemals viel Geld haben
- ich bin ein Versager……. usw…..

Die stimmigen Glaubenssätze packen Sie nun als Überschriften – also als geschriebener Satz - auch in das Bild.

Anschließend packen Sie noch den Anteil der beteiligten Personen, mit dem Sie nicht zurechtkommen, in das Bild. Denken Sie dabei auch an sich selbst packen Sie das, was Sie selbst in abwertender Weise über sich denken in das Bild (z.B. Versager...)

Nun werfen Sie noch eine Hand voll Kieselsteine in das Bild, welche für all die Dinge stehen, die momentan zu diesem Thema nicht in Ihr Bewusstsein kommen.

Visualisieren Sie nun ein fertiges Bild. Behalten Sie es vor Ihrem inneren Auge.

Nun klopfen Sie die Thymusdrüse und sagen dabei:

„Ich ….. liebe glaube und danke. Ich bin im hier und jetzt und lasse jetzt all das los denn ich darf einfach sein!"

Anschließend klopfen Sie weiter die Thymusdrüse und atmen 2 x ganz tief ein und aus.

Klopfen Sie nun wieder die Nierenpunkte und schauen Sie sich Ihr Bild an. Es ist nichts mehr auf dem Bild zu sehen – wunderbar, dann haben Sie Ihr Thema aufgelöst.

Sollte noch etwas auf dem Bild sein, dann fegen Sie alles mit einem Besen in die Mitte des Bildes - klopfen erneut die Thymusdrüse und sprechen den Klopfsatz:

„Ich ….. liebe glaube und danke. Ich bin im hier und jetzt und lasse jetzt all das los denn ich darf einfach sein!"

Wieder holen Sie die Vorgehensweise, wenn noch was da ist bis das Bild leer ist.

Manchmal kann es passieren, dass ein oder zwei kleine Details nicht aus dem Bild verschwinden. Dann fragen Sie sich was hinter diesen Details noch von Bedeutung ist und nehmen Sie diese Dinge noch mit in die nächste Klopfrunde.

Wenn Sie das Gefühl der Leere verspüren dann beobachten Sie aufmerksam , wie sich diese Leere anfühlt.

Ist es eine resignative Leere, eine befreiende Leere oder eine neutrale Leere.

Eine resignative Leere sagt uns das noch nicht alles aufgelöst wurde und noch am Thema und den Themen die da hinter stehen gearbeitet werden muss.

Eine neutrale Leere deutet darauf hin, dass das Thema gelöst ist, aber möglicherweise Teile dieses Themas auch in einem anderen Thema zu finden sind. Aber für diese Sitzung ist es absolut in Ordnung, wenn am Ende eine neutrale Leere da steht.

Am liebsten ist uns sicherlich, wenn wir eine befreiende Leere verzeichnen können, denn dann ist das Thema gelöst.

Dinge in mein Leben einladen mit
MAN-DELPrinzip nach Krusel®

So wie wir die Dinge auflösen können mit MAN-DEL, genauso können wir Dinge in unserem Leben willkommen heißen.

Es gibt ein Sprichwort:

„Nur wenn wir ein Ziel vor Augen haben können wir es auch erreichen!"

Ein Ziel muss immer….

- ein Herzenswunsch sein
- ethisch sein
- realistisch sein
- erreichbar sein
- klar formuliert sein
- eine bestimmte Größe enthalten (Zeitpunkt, Geldwert….)
- positiv formuliert sein

Beispiel:

Sie haben sich vorgenommen eine bestimmte Prüfung zu machen. Prüfungen waren noch nie Ihr Thema. Aber Sie hätten diese Prüfung und Zertifizierung gerne, damit Sie weiter mit Ihrer Arbeit darauf aufbauen können.
Sagen wir die Prüfung findet im August statt und Sie wissen nicht ob Sie es schaffen, bis dahin den Stoff gelernt zu bekommen.

Der Anmeldeschluss zur Prüfung ist der erste Juli und Sie wollen versuchen den Großteil des Lernstoffes bis zu diesem Zeitpunkt abrufen zu können. Jetzt haben wir Januar.

Zielformulierung:

Ich, ...habe bis spätestens 01.07.20.... so viel gelernt und kann das gelernte auch bestens behalten, dass ich mich an diesem Tag bedenkenlos zur Prüfung anmelden kann.

Nun ist es wichtig abzufragen wie stimmig diese Satz ist – liegt er bei z.B. 80%, dann sollte das Ziel erreichbar sein (bei weniger Prozenten stellt sich die Frage ob diese Ziel wirklich Ihr Ziel ist).

Was steht dem Ziel entgegen?

Nehmen Sie die Zweifel, Unsicherheit, Prüfungsangst, und auch die Glaubenssätze wahr, die Ihrem Ziel entgegen stehen.

Bearbeiten Sie diese wie weiter vorne beschrieben mit MAN-DELPrinzip nach Krusel®, bis nichts mehr auf dem Bild zu sehen ist.

Machen Sie sich nun klar was Sie tun müssen, damit Sie Ihr Ziel auch erreichen können.

- Sie werden nicht schludern und das tägliche Üben vergessen
- Sie werden nicht immer wieder irgendwo anfangen zu lernen, sondern Ihrem eigenen Lernplan folgen

- Sie werden nicht anfangen wieder in Zweifel zu verfallen
- Sie werden Ihre eigenen Vereinbarungen mit sich selbst nicht brechen usw…..

Lassen Sie diese Sätze, die für Sie stimmig sind in den Bilderrahmen laufen und beklopfen Sie die Thymusdrüse mit dem Satz:

„Ich ….. liebe glaube und danke. Ich bin im hier und jetzt und lasse jetzt all das los denn ich darf einfach sein!"

Wenn die Sätze aus dem Bild verschwunden sind, fangen wir an das Ziel zu manifestieren.

Schreiben Sie Ihr Ziel in den Bilderrahmen.

Dann klopfen Sie die Thymusdrüse und sagen folgenden Satz:

„Ich …. liebe, glaube und danke. Ich bin im hier und jetzt und lade jetzt dieses Bild in mein Leben ein, denn ich habe es verdient!"

2 x tief ein- und ausatmen……..und dann das Bild nochmals visualisieren und das Bild ganz in sich aufnehmen – wenn Sie mögen auch in das eigene Herz fließen lassen.

Wichtig ist dass Sie danach das Ziel loslassen….

MAN-DELPrinzip nach Krusel®

gibt Ihnen immer wieder die Möglichkeit ihren inneren Keller zu entrümpel.

Bausteine die sich bei ihnen melden und die an die Oberfläche kommen können mit MAN-DELPrinzip schnell und effizient wieder aufgelöst werden. Sie kommen schnell wieder bei sich an in Ihrer Stabilität.

Probieren Sie es einfach aus....oder besuchen Sie ein MAN-DEL Prinzip Seminar, damit Sie mit dieser Technik vertrauter werden.

Infos unter www.papillon-institut.de

Weitere Bücher und Medien von Sabine Krusel:

Mit MET Meridian Energie Technik ErfolgReich beklopft!
Das Informations-und Begleitbuch für jede Lebenssituation ISBN
978-3-8391-1837-5 BOD Verlag

Klopfe dich frei, du bist dabei... MET Geschichten mit Rabe
Ratzka dem Weisen für Kinder im Grundschulalter ISBN 978-3-
8370-8455-9 BOD Verlag

Klopfe dich frei, du bist dabei...Neue MET Geschichten mit Rabe
Ratzka dem Weisen Band 2 für Kinder bis zu 12 Jahren ISBN 78-3-
8423-3743-5 BOD Verlag

Klopfe dich frei, du bist dabei...Musik CD mit 5 MET Liedern für
Kinder ISBN: 978-3-940544-88-9 Feel-Good-Verlag

Klopf dich frei, du bist dabei....MET Geschichten mit Rabe
Ratzka dem Weisen – **die CD** zum Buch Band 1 ISBN: 978-3-
940544-87-2 Feel-Good-Verlag

1000 gefühlte Gedanken-Fragen – Gedichte-Trilogie...ISBN 978-3-
8391-7150-9 BOD Verlag

**Lebe Einfach, Frei und Leicht! MET Meridian Energie Technik
auf dem Weg zu dir selbst!...**ISBN: 978-3-7322-3280-2 BOD Verlag

Das MAN-DELPrinzip nach Krusel® ISBN 13: 978-3-940700-39-1
Spirit-Rainbow-Verlag

Angst Co.-meine inneren Gespenster.....klopfen mit MET –
Audio/MP3 zum Download http://shop.papillon-essen.de/
Eigenproduktion

Selbstwert und Co.....klopfen mit MET - Audio/MP3 zum
Download http://shop.papillon-essen.de/ Eigenproduktion

Ich fühl mich wohl in mir – mein persönliches Wohlfühlgewicht....
Teil 1 „Wie esse ich?"
Teil 2 „Körper und Keller"
Teil 3 „ErnährungsKlarheit"
Teil 4 „Ziel und höheres Selbst"
.......klopfen mit MET – Audio/MP3 zum Download
http://shop.papillon-essen.de/ Eigenproduktion

Die meisten Bücher sind auch als APP erschienen.

Herstellung und Verlag:
BoD – Books on Demand, Norderstedt
ISBN 978-3-7322-4532-1